Psicología oscura

Derechos de autor ©

———

Contenidos

Introducción

1.1 Objetivo del Libro

En este intrigante viaje a través de las páginas de "Psicología Oscura", nuestro objetivo primordial es adentrarnos en los recovecos más oscuros y enigmáticos de la psique humana. Este libro no pretende ser simplemente un compendio de anécdotas siniestras o un catálogo de comportamientos perturbadores; más bien, aspira a desentrañar los misterios que yacen en la intersección entre la mente y la oscuridad.

En primer lugar, buscamos proporcionar a nuestros lectores una comprensión clara y profunda del concepto de psicología oscura. ¿Qué significa realmente cuando nos sumergimos en las profundidades de la mente humana y exploramos los aspectos más sombríos de la conducta? Este libro se propone definir y delinear los contornos de la psicología oscura, destacando sus orígenes, su evolución a lo largo del tiempo y su impacto en la sociedad.

Además, pretendemos abordar las cuestiones éticas que rodean el estudio de la psicología oscura. A medida que desentrañamos los hilos de la manipulación psicológica, la personalidad psicopática y otros aspectos relacionados, nos enfrentamos a dilemas morales fundamentales. ¿Cómo equilibramos la búsqueda del conocimiento con la responsabilidad ética en la investigación psicológica?

Otro objetivo crucial es explorar los mecanismos y factores que subyacen a la conducta humana oscura. Desde la manipulación sutil hasta los impulsos violentos, examinaremos en detalle los elementos que contribuyen a la formación de personalidades y comportamientos oscuros. ¿Cuáles son las motivaciones detrás de la agresión y la violencia? ¿Cómo se desarrollan y manifiestan los trastornos de la personalidad?

A lo largo de este viaje, presentaremos casos de estudio impactantes y ejemplos prácticos que ilustran las complejidades de la psicología oscura. Estos no son solo relatos sensacionalistas, sino análisis detallados que buscan arrojar luz sobre los patrones de comportamiento y las dinámicas psicológicas que pueden pasar desapercibidas en la superficie.

Finalmente, no solo nos sumergiremos en las sombras de la psique humana, sino que también nos esforzaremos por ofrecer perspectivas constructivas. Abordaremos estrategias de prevención, enfoques terapéuticos y métodos de rehabilitación. Este libro no solo busca revelar la oscuridad, sino también proporcionar herramientas y conocimientos que permitan superarla.

En resumen, el objetivo fundamental de "Psicología Oscura" es proporcionar una exploración completa y esclarecedora de los aspectos más enigmáticos y perturbadores de la mente humana. A través de la investigación rigurosa, análisis críticos y reflexiones éticas, buscamos arrojar luz sobre la complejidad de la psicología oscura y ofrecer un enfoque equilibrado que fomente la comprensión y, en última instancia, la superación de las sombras que acechan en la mente humana.

1.2 Alcance y Limitaciones

En este subcapítulo, delineamos cuidadosamente el alcance y las limitaciones de nuestra incursión en el intrigante terreno de la "Psicología Oscura". Al explorar los rincones más oscuros de la mente humana, es imperativo establecer claramente los límites de nuestra investigación y comprender las dimensiones que abordaremos.

Alcance del Estudio: Desentrañando las Capas de la Oscuridad Psicológica

El alcance de este libro se extiende más allá de la mera superficialidad de los comportamientos oscuros. Nos proponemos bucear profundamente en las capas psicológicas que impulsan tales comportamientos, desentrañando los motivos, las dinámicas y las raíces profundas de la psicología oscura. Examinaremos casos históricos, estudios de vanguardia y fenómenos contemporáneos para proporcionar una visión completa y actualizada de este intrigante campo.

La investigación abarcará temas clave como la manipulación psicológica, los trastornos de la personalidad asociados a comportamientos oscuros y las implicaciones éticas de la investigación en esta área. Asimismo, exploraremos la intersección entre la oscuridad psicológica y fenómenos sociales, culturales y tecnológicos, reconociendo la complejidad y la interconexión de estos elementos.

Limitaciones del Estudio: Fronteras que Delimitan la Exploración

No obstante, es esencial reconocer las limitaciones inherentes a esta investigación. En primer lugar, la psicología es un campo en constante evolución, y aunque nos esforzamos por abordar las tendencias y fenómenos actuales, es posible que algunos desarrollos recientes no estén completamente reflejados en estas páginas.

Además, dado que la "Psicología Oscura" abarca una gama amplia de comportamientos y condiciones, no podemos abordar cada faceta en detalle. En lugar de ello, seleccionaremos temas representativos que ilustren patrones generales y nos permitan ofrecer una perspectiva global y comprensible.

La investigación también se ve limitada por la disponibilidad y la calidad de los datos. Algunos aspectos de la psicología oscura pueden estar envueltos en secreto o carecer de una documentación exhaustiva, lo que impone ciertos límites a nuestra capacidad de análisis.

Consideraciones Éticas: Un Marco Integral de Responsabilidad

La ética guiará nuestra investigación de manera fundamental. Reconocemos la necesidad de equilibrar la revelación de la oscuridad con la responsabilidad ética. Nos comprometemos a abordar de manera reflexiva y cuidadosa los casos y ejemplos presentados, respetando la privacidad y la dignidad de los individuos involucrados.

Fundamentos de la Psicología Oscura

2.1 Definición y Orígenes

En su esencia, la psicología oscura no se limita a la observación superficial de comportamientos inquietantes; busca comprender las motivaciones, impulsos y patrones psicológicos que subyacen a estas conductas. Este campo de estudio va más allá de la etiqueta simplista de "oscuro", adentrándose en la intersección compleja entre la naturaleza humana y sus expresiones más sombrías.

La psicología oscura abarca la comprensión de fenómenos como la manipulación psicológica, la agresión y otros comportamientos antisociales. Busca arrojar luz sobre la naturaleza multifacética de la conducta humana en diferentes contextos, reconociendo la influencia de factores sociales, culturales e individuales.

Orígenes Históricos: Tejiendo la Trama de la Oscuridad en la Psique Humana

Los orígenes históricos de la psicología oscura se entrelazan con el desarrollo de la psicología como disciplina. Aunque las semillas de esta comprensión pueden rastrearse en las teorías de pensadores como Freud y Jung, es en el siglo XX y XXI donde la psicología oscura ha emergido como un campo distinto y significativo.

La evolución de este término coincide con la maduración de la psicología como ciencia. A medida que los investigadores y estudiosos han ampliado su enfoque más allá de las perspectivas tradicionales centradas en lo positivo, la psicología oscura ha tomado un papel más destacado en la exploración de la complejidad humana.

Evolución del Término: Desde la Periferia Hasta el Centro del Conocimiento

El término "psicología oscura" ha evolucionado desde ser una idea periférica hasta convertirse en un componente central del entendimiento psicológico contemporáneo. En las primeras etapas, la atención estaba mayormente dirigida a los aspectos positivos del comportamiento humano, pero a medida que la disciplina se desarrolló, se reconoció que una comprensión completa requería la exploración de la oscuridad también.

El surgimiento de disciplinas específicas como la psicología forense, la psicopatología y la psicología de la personalidad ha contribuido al reconocimiento y estudio más sistemático de la psicología oscura. En la actualidad, esta área de estudio no solo desafía las percepciones convencionales, sino que también proporciona una perspectiva más completa y equilibrada de la psique humana.

2.2 Ética en la Investigación Psicológica

En el corazón de la investigación psicológica, incluida la que aborda la psicología oscura, yace el compromiso con los principios éticos fundamentales. La preservación de la dignidad, la privacidad y el bienestar de los participantes es una piedra angular. Este subcapítulo se sumerge en la reflexión profunda sobre cómo aplicar estos principios cuando se exploran aspectos psicológicos considerados oscuros o perturbadores.

Consentimiento Informado: Un Pilar de Respeto y Transparencia

El consentimiento informado se erige como un pilar esencial en la investigación psicológica ética. Cuando se aborda la psicología oscura, donde los temas pueden ser sensibles y delicados, la obtención de un consentimiento informado completo y comprensible se vuelve aún más crucial. Este subcapítulo explora las complejidades asociadas con la comunicación transparente y la comprensión de los riesgos potenciales por parte de los participantes.

Manejo de la Confidencialidad: Protegiendo la Identidad en la Oscuridad

La investigación en psicología oscura a menudo implica el análisis de comportamientos delicados y reveladores. La garantía de la confidencialidad se convierte, por tanto, en una tarea delicada pero imprescindible. Este texto examina las estrategias para salvaguardar la identidad de los participantes, mitigando riesgos potenciales asociados con la divulgación de información sensible.

Equidad y Justicia: Consideraciones Sociales y Culturales

La ética en la investigación psicológica también exige una reflexión profunda sobre la equidad y la justicia. La psicología oscura puede manifestarse de manera diferente en diversas culturas y contextos sociales. Este subcapítulo explora cómo los investigadores deben ser sensibles a estas diferencias, evitando la imposición de interpretaciones culturales simplistas o sesgadas.

Evaluación de Riesgos y Beneficios: Un Balance Delicado

La exploración de la psicología oscura implica inevitablemente riesgos, tanto para los participantes como para los investigadores. Este subcapítulo examina la importancia de realizar una evaluación ética rigurosa de los riesgos y beneficios potenciales, destacando la necesidad de encontrar un equilibrio delicado entre la generación de conocimiento y la salvaguarda de la integridad de los sujetos de estudio.

2.3 Contexto Histórico

El viaje hacia la comprensión de la psicología oscura comienza con los pioneros de la psicología. Desde Sigmund Freud y sus teorías sobre el inconsciente hasta Carl Jung y su exploración de los aspectos más profundos de la psique, estos visionarios sentaron las bases para la indagación en las complejidades de la mente humana. Este subcapítulo examina cómo sus ideas iniciales contribuyeron a la creación de un terreno fértil para la exploración de la psicología oscura.

Psicología del Siglo XX: Movimientos y Cambios de Paradigma

A medida que el siglo XX avanzaba, la psicología experimentó cambios de paradigma significativos. Desde el surgimiento de la psicología humanista hasta el auge de enfoques conductuales y cognitivos, este subcapítulo destaca cómo estos movimientos influyeron en la percepción de la oscuridad psicológica. La reconsideración de la naturaleza humana y la atención a la individualidad abrieron nuevas puertas para comprender los aspectos más oscuros de la mente.

Psicología Forense y Criminología: Un Giro Hacia lo Oscuro

Con el tiempo, el campo de la psicología forense y la criminología se volvió fundamental para la exploración de la psicología oscura. Este subcapítulo explora cómo el estudio de criminales, perfiles psicológicos y el análisis de comportamientos delictivos contribuyeron al entendimiento más profundo de los aspectos oscuros de la psique humana. Desde los primeros perfiles criminales hasta los modernos estudios de comportamiento criminal, el contexto histórico ha jugado un papel crucial en la construcción de la psicología oscura como disciplina.

Desarrollos Contemporáneos: Tecnología, Globalización y Nuevos Desafíos

En el siglo XXI, la psicología oscura se enfrenta a nuevos desafíos y oportunidades. La globalización, la tecnología y los cambios socioculturales introducen dinámicas únicas en la exploración de comportamientos oscuros. Este subcapítulo destaca cómo el contexto contemporáneo influye en la forma en que percibimos y estudiamos la oscuridad psicológica, subrayando la importancia de una perspectiva histórica para comprender la evolución de este campo.

Aspectos Básicos de la Psicología Oscura

3.1 Manipulación Psicológica

En este cautivador subcapítulo, nos adentramos en el intrigante mundo de la "Manipulación Psicológica". Un fenómeno que ha capturado la atención de estudiosos y observadores por igual, la manipulación psicológica es un terreno complejo donde se entrelazan las sutilezas de la influencia y las sombras de la persuasión.

Definiendo la Manipulación Psicológica: Estrategias Encubiertas de Control

La manipulación psicológica no es simplemente una forma de influencia, es la aplicación de estrategias encubiertas destinadas a ejercer control sobre los pensamientos, emociones y comportamientos de otras personas. En este subcapítulo, exploramos las diversas formas que puede tomar esta manipulación, desde tácticas verbales hábiles hasta el uso de la psicología emocional para moldear percepciones.

Tipos de Manipulación: Un Abanico de Estrategias Persuasivas

La manipulación psicológica se manifiesta en diversas formas, cada una con su propio conjunto de estrategias persuasivas. Desde la manipulación emocional hasta la manipulación cognitiva, este texto analiza en detalle cómo estos métodos sutiles pueden influir en el pensamiento y el comportamiento de los individuos, a menudo de manera imperceptible.

Ejemplos Históricos: Relatos de Manipulación a lo Largo del Tiempo

La historia está marcada por relatos notorios de manipulación psicológica que han dejado una profunda impresión en la conciencia colectiva. Desde líderes carismáticos que controlan las masas hasta situaciones de culto que explotan las vulnerabilidades individuales, este subcapítulo examina ejemplos históricos que arrojan luz sobre las diversas formas en que la manipulación psicológica puede manifestarse.

Psicología del Manipulador: Rasgos y Motivaciones Subyacentes

Adentrándonos en la mente del manipulador, exploramos los rasgos de personalidad comunes que a menudo caracterizan a aquellos que emplean tácticas de manipulación. La falta de empatía, la astucia y la habilidad para detectar y explotar vulnerabilidades son aspectos cruciales de la psicología del manipulador. Además, examinamos las motivaciones subyacentes, que pueden variar desde la búsqueda de poder hasta la satisfacción de necesidades emocionales no satisfechas.

Impacto en las Víctimas: Las Secuelas de la Manipulación Psicológica

La manipulación psicológica no está exenta de consecuencias, y este subcapítulo analiza en profundidad el impacto que tiene en las víctimas. Desde la pérdida de confianza hasta el daño emocional, exploramos las secuelas a largo plazo y examinamos cómo la manipulación puede erosionar la salud mental y emocional de aquellos que son objeto de estas tácticas insidiosas.

Ética en la Investigación de la Manipulación Psicológica: Límites y Responsabilidades

El estudio de la manipulación psicológica plantea desafíos éticos significativos. Este texto examina cómo los investigadores abordan la responsabilidad ética al explorar este tema sensible, reconociendo la necesidad de equilibrar la generación de conocimiento con la protección de los participantes y la sociedad en general.

3.1.1 Técnicas de Manipulación

Gaslighting: Desdibujando la Realidad

El gaslighting es una técnica sutil pero potente que implica distorsionar la percepción de la realidad de la víctima. Los manipuladores emplean negaciones, contradicciones y desinformación con el objetivo de hacer que la víctima cuestione su propia memoria y juicio. Este subcapítulo explora cómo el gaslighting puede erosionar la confianza y la autoestima, creando un terreno fértil para la manipulación psicológica.

Manipulación Emocional: Jugando con los Sentimientos

La manipulación emocional implica el uso estratégico de las emociones para influir en el comportamiento de otros. Desde el uso de la culpa hasta la creación de situaciones de crisis artificial, los manipuladores exploran las vulnerabilidades emocionales para obtener control. Este texto analiza cómo la manipulación emocional puede manifestarse en relaciones personales, laborales o sociales, y cómo las víctimas pueden reconocer y resistir estas tácticas.

Silencio Manipulador: Control a Través de la Omisión

La técnica del silencio manipulador implica el uso estratégico de la falta de comunicación para ejercer control. Los manipuladores pueden emplear la retención de información o la negativa a participar en la comunicación como herramientas para generar ansiedad y desconcierto en sus víctimas. Este subcapítulo explora cómo la omisión puede ser tan poderosa como la acción en el arsenal de las técnicas de manipulación.

Reforzamiento Intermitente: Creando Dependencia Emocional

El reforzamiento intermitente es una técnica que implica proporcionar recompensas de manera irregular. Esta inconsistencia en la gratificación puede crear una mayor dependencia emocional, ya que la víctima se aferra a la esperanza de obtener una recompensa positiva. Este texto examina cómo esta técnica se entrelaza con el condicionamiento psicológico, contribuyendo a la dinámica compleja de la manipulación.

Desacreditación: Minando la Confianza en Uno Mismo

La desacreditación es una táctica que busca minar la confianza y la autoestima de la víctima. Los manipuladores pueden utilizar la ridiculización, el menosprecio y la crítica constante para socavar la percepción que la víctima tiene de sí misma. Este subcapítulo analiza cómo la desacreditación puede erosionar gradualmente la autoconfianza, dejando a la víctima más vulnerable a la influencia del manipulador.

Creación de Necesidades: Estimulando la Dependencia

La creación de necesidades implica manipular a la víctima para que dependa emocional o materialmente del manipulador. Ya sea generando una sensación de urgencia o alimentando inseguridades, esta técnica busca fortalecer el control al crear una relación de dependencia. Este texto explora cómo los manipuladores pueden explotar las necesidades humanas básicas para consolidar su influencia.

3.1.2 Casos Históricos

En este revelador subcapítulo, exploramos casos históricos que han dejado una impronta indeleble en la memoria colectiva, ilustrando la capacidad de la manipulación psicológica para influir en masas y moldear destinos. Estos relatos nos llevan a través de los entresijos de la oscura maestría de manipuladores que han dejado una marca significativa en la historia.

La Influencia de Jim Jones en Jonestown (1978): Un Culto Trágico

El trágico suceso de Jonestown, liderado por Jim Jones, sirve como un ejemplo impactante de manipulación psicológica a escala masiva. Jones empleó tácticas de control mental y emocional para mantener a sus seguidores bajo su dominio, llevándolos finalmente al suicidio colectivo en Guyana. Este caso histórico destaca cómo un líder carismático puede ejercer una influencia destructiva sobre la psique de sus seguidores.

La Guerra Psicológica de Goebbels (1933-1945): Propaganda Nazi

Joseph Goebbels, ministro de propaganda nazi, fue un maestro de la manipulación psicológica durante la Segunda Guerra Mundial. Utilizó la propaganda para moldear la percepción pública y fomentar la adhesión a la ideología nazi. Este caso histórico ilustra cómo la manipulación de la información y la explotación de las emociones pueden ser herramientas poderosas en la manipulación a nivel sociopolítico.

La Secta Heaven's Gate (1997): La Búsqueda de un Viaje Espacial

La tragedia de Heaven's Gate, liderada por Marshall Applewhite, es un ejemplo contemporáneo de manipulación psicológica en el contexto de las creencias apocalípticas y la búsqueda de un viaje espacial. Applewhite utilizó tácticas de control mental para convencer a sus seguidores de que debían suicidarse para unirse a extraterrestres. Este caso resalta cómo las creencias extremas pueden ser explotadas por manipuladores para justificar acciones drásticas.

El Experimento de la Cárcel de Stanford (1971): Poder y Sumisión

Aunque no fue una manipulación planificada, el Experimento de la Cárcel de Stanford liderado por el psicólogo Philip Zimbardo ilustra cómo roles asignados pueden conducir a comportamientos manipuladores. Los participantes asignados como guardias desarrollaron conductas abusivas, mientras que los asignados como prisioneros mostraron sumisión extrema. Este caso histórico destaca cómo la manipulación puede surgir de manera orgánica en situaciones específicas.

La Histeria Colectiva de Salem (1692): Miedo y Acusaciones

El episodio de la caza de brujas en Salem es un ejemplo clásico de manipulación psicológica a nivel comunitario. El miedo, las acusaciones infundadas y la histeria colectiva llevaron a la ejecución de varias personas acusadas de brujería. Este caso histórico subraya cómo la manipulación puede surgir en contextos de miedo irracional y desconfianza.

La Manipulación en la Revolución Rusa (1917-1923): El Poder del Discurso

Durante la Revolución Rusa, líderes como Vladimir Lenin y Joseph Stalin emplearon estrategias de manipulación psicológica para movilizar a las masas. Discursos persuasivos, promesas de cambio y la explotación de la insatisfacción popular fueron elementos clave en la manipulación de la opinión pública. Este caso histórico resalta cómo la manipulación puede ser una herramienta política poderosa.

3.2 Comportamiento Antisocial

Definiendo el Comportamiento Antisocial: Más Allá de la Rebeldía Convencional

El comportamiento antisocial no se limita a la rebeldía convencional; es un patrón persistente de desprecio y violación de los derechos de los demás. Este subcapítulo comienza desentrañando la definición precisa de comportamiento antisocial, destacando cómo va más allá de la simple transgresión social para abordar patrones de conducta más complejos y perjudiciales.

Raíces y Factores Predisponentes: El Terreno Fértil del Antisocialismo

El origen del comportamiento antisocial es multifacético, influenciado por una combinación de factores genéticos, neurobiológicos, ambientales y psicosociales. Desde predisposiciones genéticas hasta entornos disfuncionales, este texto examina las diversas raíces que pueden contribuir al desarrollo de patrones antisociales y destaca la complejidad inherente a la comprensión de este comportamiento.

Características del Comportamiento Antisocial: Más Allá de la Superficialidad

El comportamiento antisocial no se limita a actos superficiales; se manifiesta a través de características profundas y persistentes en la personalidad. Desde la falta de empatía hasta la incapacidad para establecer relaciones afectivas, este subcapítulo explora las características fundamentales que definen y distinguen el comportamiento antisocial, destacando cómo estas manifestaciones pueden variar en su intensidad y presentación.

Tipos de Comportamiento Antisocial: Desde la Delincuencia hasta la Manipulación

El comportamiento antisocial abarca una variedad de manifestaciones, desde la delincuencia hasta la manipulación interpersonal. Este texto analiza diferentes tipos de comportamiento antisocial, destacando cómo la agresión física, la violación de normas sociales y la manipulación emocional pueden coexistir en el espectro del antisocialismo.

Trastornos Relacionados: Explorando la Conexión con la Psicopatía y el Trastorno Antisocial de la Personalidad

El comportamiento antisocial a menudo está vinculado con trastornos psicológicos específicos, como la psicopatía y el trastorno antisocial de la personalidad (TAP). Este subcapítulo examina la conexión entre estos trastornos y el comportamiento antisocial, destacando las características distintivas de cada uno y cómo se entrelazan en el panorama de la oscuridad psicológica.

Impacto en la Sociedad y las Víctimas: Desafiando las Ramificaciones del Antisocialismo

El comportamiento antisocial no solo afecta al individuo que lo exhibe, sino que también tiene ramificaciones significativas en la sociedad y en las personas que se cruzan en su camino. Este texto explora cómo el antisocialismo puede generar temor, inseguridad y desconfianza en comunidades, así como el impacto emocional y psicológico en las víctimas de tales comportamientos.

Intervención y Tratamiento: Navegando por el Camino de la Rehabilitación

Este subcapítulo aborda las estrategias de intervención y tratamiento para individuos con comportamiento antisocial. Desde enfoques terapéuticos hasta medidas de prevención, se explora cómo abordar la complejidad del antisocialismo y trabajar hacia la rehabilitación y la reintegración social.

3.2.1 Personalidad Psicopática

Exploraremos las características definitorias, los patrones de comportamiento y las implicaciones de esta personalidad que se erige como un pilar en la oscuridad psicológica.

Definiendo la Personalidad Psicopática: Más Allá del Estigma Sensacionalista

La personalidad psicopática va más allá del estigma sensacionalista que a menudo la rodea. En este subcapítulo, desentrañamos su definición precisa, destacando cómo se caracteriza por patrones persistentes de comportamiento antisocial, falta de empatía y un encanto superficial que oculta una naturaleza más oscura. Además, exploramos cómo la psicopatía se distingue de otros trastornos de la personalidad y cómo su presencia puede tener ramificaciones significativas en diversas áreas de la vida.

Características Centrales: El Triángulo de Oscuridad

La personalidad psicopática se manifiesta a través de un conjunto de características centrales que forman lo que podría describirse como el "triángulo de oscuridad". Este texto analiza cómo la falta de remordimiento, la manipulación y la impulsividad son elementos fundamentales que definen y distinguen a la personalidad psicopática. La combinación única de estas características crea un perfil psicológico complejo y, a menudo, intrigante.

El Encanto Superficial y la Carencia de Empatía: Paradojas de la Psicopatía

La personalidad psicopática se caracteriza por un encanto superficial que puede seducir a aquellos que lo rodean. Sin embargo, este encanto coexiste con una profunda carencia de empatía. Exploramos cómo estos aspectos contradictorios contribuyen a la capacidad de los psicópatas para manipular y explotar a otros mientras mantienen una fachada atractiva.

Patrones de Comportamiento: Desde la Delincuencia hasta la Persuasión Carismática

La conducta de una personalidad psicopática se manifiesta en diversos patrones, que van desde la delincuencia hasta la persuasión carismática. Este subcapítulo analiza cómo la psicopatía puede estar asociada con actividades criminales, pero también cómo algunos individuos con estas características pueden ascender en la sociedad mediante la explotación de sus habilidades sociales y su falta de miedo o ansiedad.

Relación con la Violencia: La Delgada Línea entre la Manipulación y la Agresión

La relación entre la personalidad psicopática y la violencia es un tema crucial a explorar. Este texto examina cómo algunos psicópatas pueden recurrir a la violencia física, mientras que otros emplean tácticas más sutiles de manipulación psicológica. Se destaca la importancia de comprender esta relación en la evaluación de riesgos y la implementación de estrategias de intervención.

Factores Genéticos y Ambientales: Tejiendo la Red de la Psicopatía

La psicopatía a menudo surge de una compleja interacción entre factores genéticos y ambientales. Exploramos cómo la predisposición genética, combinada con experiencias traumáticas o entornos disfuncionales durante la infancia, puede tejer la red de la personalidad psicopática. Este análisis contribuye a comprender la heterogeneidad de la psicopatía y las variaciones individuales en su manifestación.

Diagnóstico y Evaluación: Desafíos en la Identificación de la Psicopatía

El diagnóstico y la evaluación de la personalidad psicopática presentan desafíos significativos. Este subcapítulo aborda las herramientas y criterios utilizados por los profesionales de la salud mental para identificar la psicopatía, destacando la importancia de una evaluación integral que tenga en cuenta factores contextuales y situacionales.

3.2.2 Conductas Narcisistas

Desentrañaremos las complejidades de esta personalidad, desde sus características fundamentales hasta sus impactos en las relaciones interpersonales y en la sociedad en general.

Definiendo las Conductas Narcisistas: Más Allá del Ego Saludable

Las conductas narcisistas van más allá del ego saludable, manifestándose en un patrón persistente de grandiosidad, falta de empatía y una necesidad constante de admiración. En este subcapítulo, se explorará cómo estas conductas pueden variar en intensidad, desde rasgos narcisistas leves hasta el trastorno narcisista de la personalidad, que implica patrones más arraigados y perjudiciales.

Características Centrales: Del Encanto Superficial a la Fragilidad Interna

Las características centrales de las conductas narcisistas incluyen un encanto superficial, una autoestima inflada y una vulnerabilidad subyacente. Este texto examina cómo aquellos con conductas narcisistas a menudo buscan la validación externa para mantener su frágil autoconcepto, utilizando estrategias de manipulación social para asegurar una constante admiración.

Patrones Relacionales: Dominio, Manipulación y Desconexión Empática

Las relaciones interpersonales con individuos con conductas narcisistas pueden ser complejas. Este subcapítulo analiza los patrones relacionales comunes, desde la dominación de las interacciones hasta la manipulación emocional sutil. Se explora cómo la falta de empatía puede llevar a la desconexión afectiva en las relaciones, afectando la calidad y la duración de las mismas.

La Paradoja del Narcisismo: Entre la Confianza Externa y la Inseguridad Interna

Una paradoja inherente al narcisismo es la desconexión entre la confianza externa y la inseguridad interna. Aunque los individuos con conductas narcisistas pueden proyectar una imagen de confianza y autosuficiencia, internamente luchan con una fragilidad que los hace altamente sensibles a críticas y rechazo. Este texto explora cómo esta paradoja afecta la autoimagen y el comportamiento de quienes exhiben conductas narcisistas.

Factores de Desarrollo y Ambientales: Tejiendo el Tapiz del Narcisismo

Las conductas narcisistas a menudo tienen raíces en factores de desarrollo y ambientales. Este subcapítulo examina cómo la sobrevaloración o la falta de validación durante la infancia pueden contribuir al desarrollo de estas conductas. Se destaca la importancia de comprender cómo los patrones parentales y las experiencias tempranas pueden influir en la formación del narcisismo.

Impacto en el Ámbito Laboral y Social: Éxitos Superficiales y Relaciones Frágiles

En entornos laborales y sociales, las conductas narcisistas pueden tener impactos significativos. Este texto explora cómo la búsqueda constante de reconocimiento y éxito superficial puede conducir a logros laborales, pero al mismo tiempo, cómo las relaciones interpersonales pueden verse afectadas negativamente por la falta de empatía y la necesidad constante de admiración.

Intervención y Tratamiento: Desafíos en la Modificación de Conductas Narcisistas

Las conductas narcisistas presentan desafíos únicos en términos de intervención y tratamiento. Este subcapítulo aborda estrategias terapéuticas, destacando la complejidad de trabajar con individuos que pueden ser resistentes a reconocer la necesidad de cambio. Se examinan enfoques que buscan equilibrar la autoestima y fomentar la empatía como pasos hacia la modificación de conductas narcisistas.

Explorando la Sombra Humana

4.1 Impulsos Oscuros

Estos impulsos, a menudo enmascarados y mal entendidos, desempeñan un papel crucial en la Psicología Oscura, afectando nuestras acciones, decisiones y relaciones de maneras complejas y, a veces, inquietantes.

Definiendo los Impulsos Oscuros: Más Allá de lo Evidente

Los impulsos oscuros no se limitan a acciones malévolas; abarcan una variedad de deseos y pulsiones que pueden tener consecuencias negativas. En este subcapítulo, desentrañamos la definición de impulsos oscuros, destacando cómo se manifiestan en comportamientos que van desde la agresión hasta la manipulación sutil. La comprensión precisa de estos impulsos es esencial para contextualizar su impacto en la toma de decisiones y la conducta humana.

Tipos de Impulsos Oscuros: Desde la Agresión hasta la Envidia

Los impulsos oscuros adoptan diversas formas, cada una con su propio conjunto de características y manifestaciones. Este texto analiza tipos específicos de impulsos oscuros, como la agresión impulsiva, la búsqueda de venganza, la envidia destructiva y otros deseos que pueden estar en la sombra de la conciencia. Al explorar estas categorías, arrojamos luz sobre la complejidad de la psique humana.

Orígenes y Factores Contribuyentes: La Interacción de lo Biológico y lo Ambiental

La génesis de los impulsos oscuros involucra una compleja interacción entre factores biológicos y ambientales. Desde predisposiciones genéticas hasta experiencias traumáticas, este subcapítulo examina cómo estos elementos tejen el tapiz de los impulsos oscuros en la psique humana. Comprender sus orígenes es esencial para abordarlos de manera efectiva.

La Dualidad de la Naturaleza Humana: Bien y Mal Entrelazados

Los impulsos oscuros revelan la dualidad inherente a la naturaleza humana, donde el bien y el mal coexisten en un delicado equilibrio. Este texto explora cómo cada individuo lleva consigo la capacidad de acciones benevolentes y impulsos oscuros, y cómo la interacción entre estos aspectos puede moldear la conducta y la toma de decisiones.

Influencia en la Toma de Decisiones: La Sombra en la Racionalidad Humana

Los impulsos oscuros no son entidades aisladas; influyen de manera significativa en nuestra toma de decisiones cotidiana. Este subcapítulo analiza cómo la sombra de estos impulsos puede afectar la racionalidad humana, llevándonos a tomar decisiones impulsivas, agresivas o perjudiciales. Se explora la tensión constante entre el control consciente y la influencia de estos impulsos más oscuros.

Estrategias de Autorregulación: Navegando las Aguas Turbulentas

Dada la influencia potente de los impulsos oscuros, la autorregulación se convierte en un aspecto crucial para mantener un equilibrio psicológico saludable. Este texto explora estrategias efectivas para gestionar estos impulsos, desde la autoconciencia hasta el desarrollo de habilidades de afrontamiento. La comprensión y aplicación de estas estrategias son fundamentales para evitar que los impulsos oscuros dirijan nuestras acciones de manera perjudicial.

Implicaciones Éticas: La Responsabilidad en la Gestión de los Impulsos Oscuros

Los impulsos oscuros plantean desafíos éticos significativos, ya que su manifestación puede tener consecuencias perjudiciales para uno mismo y para los demás. Este subcapítulo aborda la responsabilidad ética en la gestión de estos impulsos, reconociendo la necesidad de un discernimiento ético y la toma de decisiones conscientes para minimizar el impacto negativo en el entorno.

4.1.1 Agresión y Violencia

Desde sus raíces hasta las manifestaciones en la sociedad, analizaremos los mecanismos que impulsan estos impulsos, intentando comprender y abordar esta sombría faceta de la psicología humana.

Definiendo la Agresión y Violencia: Más Allá de lo Superficial

La agresión y la violencia son términos que van más allá de la superficie de la confrontación física. En este subcapítulo, desentrañamos su definición precisa, abarcando desde la agresión verbal hasta la violencia física extrema. Se explorará cómo estos impulsos oscuros pueden surgir en diversos contextos, desde el ámbito interpersonal hasta el nivel societal.

Raíces de la Agresión: Naturaleza Innata y Factores Ambientales

Las raíces de la agresión se sumergen en una compleja interacción entre la naturaleza innata y los factores ambientales. Desde predisposiciones genéticas hasta entornos adversos, este texto examina cómo la biología y la experiencia temprana pueden influir en el desarrollo de patrones agresivos. La comprensión de estas raíces es esencial para abordar eficazmente la agresión y la violencia.

Tipos de Agresión: Desde la Reactiva hasta la Instrumental

La agresión se manifiesta en diversos tipos, cada uno con sus propias características y motivaciones. Este subcapítulo analiza la agresión reactiva, desencadenada por la frustración o la amenaza, así como la agresión instrumental, utilizada para alcanzar metas específicas. Al explorar estas categorías, se arroja luz sobre la complejidad y la diversidad de los impulsos agresivos.

Factores de Desencadenamiento: Entendiendo las Situaciones Precursoras

La agresión y la violencia a menudo son desencadenadas por situaciones específicas que activan los impulsos oscuros. Este texto explora cómo factores como el estrés, la provocación percibida y la exposición a modelos agresivos pueden desencadenar respuestas agresivas. Entender estos factores de desencadenamiento es crucial para la prevención y la intervención efectiva.

La Agresión como Respuesta a la Frustración: La Teoría del Aprendizaje Social

La teoría del aprendizaje social destaca cómo la agresión puede ser aprendida y modelada a través de la observación y la imitación. Este subcapítulo examina cómo las personas pueden adoptar comportamientos agresivos como respuestas aprendidas a la frustración, destacando la importancia de los modelos sociales en la formación de estos impulsos oscuros.

Manifestaciones en la Sociedad: Desde la Violencia Doméstica hasta el Crimen Organizado

La agresión y la violencia tienen manifestaciones diversas en la sociedad, desde la violencia doméstica hasta el crimen organizado. Este texto analiza cómo estos impulsos oscuros pueden proliferar en diferentes contextos sociales, afectando la seguridad y el bienestar de las comunidades. Se exploran también las implicaciones a nivel individual y colectivo.

Prevención y Abordaje: Estrategias para Mitigar la Agresión y la Violencia

La prevención y el abordaje de la agresión y la violencia requieren estrategias integrales. Este subcapítulo examina enfoques preventivos, desde intervenciones tempranas hasta programas educativos que promueven habilidades sociales y emocionales. Se destaca la importancia de abordar las causas subyacentes y proporcionar recursos para gestionar la agresión de manera constructiva.

4.1.2 Deseo de Poder

Definiendo el Deseo de Poder: Entre la Ambición y la Sombra

El deseo de poder es una fuerza que impulsa a los individuos hacia metas elevadas, pero también puede convertirse en un caldo de cultivo para la manipulación y la opresión. En este subcapítulo, desentrañamos la ambigüedad de esta ambición, explorando cómo puede manifestarse tanto como una fuerza constructiva para el cambio como una fuerza destructiva que desencadena conflictos.

Raíces Psicológicas: La Búsqueda de Significado y Control

Las raíces del deseo de poder se entrelazan con la búsqueda de significado y control en la vida. Este texto examina cómo factores como la necesidad de influencia, el miedo a la impotencia y la búsqueda de reconocimiento pueden alimentar este impulso oscuro. Comprender estas raíces psicológicas es esencial para abordar la complejidad del deseo de poder.

Manifestaciones en la Historia: Desde Líderes Visionarios hasta Tiranos Despiadados

A lo largo de la historia, el deseo de poder ha moldeado el curso de las civilizaciones. Este subcapítulo analiza manifestaciones notables, desde líderes visionarios que han transformado sociedades hasta tiranos despiadados que han sumido a naciones en la desesperación. Se exploran los factores que diferencian un deseo de poder constructivo de uno destructivo.

Dinámicas en las Relaciones Interpersonales: El Poder como Moneda de Intercambio

En las relaciones interpersonales, el deseo de poder puede influir en dinámicas sutiles y complejas. Este texto examina cómo el poder puede convertirse en una moneda de intercambio, afectando la toma de decisiones, la negociación y la dinámica de control en relaciones personales y profesionales. Se destacan las implicaciones para la salud de las relaciones cuando el deseo de poder no se gestiona adecuadamente.

El Poder y la Ética: Límites y Responsabilidades

El deseo de poder plantea cuestiones éticas cruciales, ya que su búsqueda puede chocar con los límites de la moralidad. Este subcapítulo aborda cómo el poder puede ser utilizado para el bien o para el mal, destacando la responsabilidad ética que recae en aquellos que buscan influencia. Se explora la delgada línea entre el liderazgo inspirador y la manipulación despiadada.

Consecuencias Sociales: De la Innovación a la Desigualdad

A nivel social, el deseo de poder puede tener consecuencias diversas. Este texto analiza cómo la ambición puede impulsar la innovación y el progreso, pero también puede contribuir a la desigualdad y a la opresión. Se examina la interacción compleja entre el deseo de poder, las estructuras sociales y los sistemas de gobierno.

Intervención y Equilibrio: Navegando las Aguas del Deseo de Poder

La intervención en el deseo de poder implica encontrar un equilibrio delicado entre fomentar la ambición constructiva y mitigar las inclinaciones destructivas. Este subcapítulo explora estrategias para gestionar el deseo de poder, desde la promoción de liderazgos éticos hasta la implementación de controles que prevengan la concentración excesiva de poder.

4.2 Patologías Psicológicas

Desde trastornos mentales hasta condiciones psicológicas complejas, desentrañamos las complejidades de estas patologías, buscando comprender su impacto en la psique individual y en la sociedad en su conjunto.

Definiendo las Patologías Psicológicas: Más Allá de las Etiquetas

Las patologías psicológicas abarcan un espectro amplio de trastornos y condiciones que afectan la salud mental. En este subcapítulo, nos sumergimos en la definición de estas patologías, reconociendo la importancia de mirar más allá de las etiquetas para comprender la complejidad única de cada experiencia psicológica. Exploramos cómo estas patologías pueden afectar la cognición, las emociones y el comportamiento.

Tipos de Patologías Psicológicas: De la Depresión a los Trastornos de la Personalidad

Este texto analiza diversos tipos de patologías psicológicas, desde la depresión y la ansiedad hasta los trastornos de la personalidad. Cada una de estas condiciones presenta características únicas que desafían la salud mental, afectando la vida cotidiana y las relaciones interpersonales. Se explora la diversidad de manifestaciones y la intersección entre diferentes patologías.

Factores Contribuyentes: Biológicos, Ambientales y Sociales

Las patologías psicológicas a menudo tienen raíces en una compleja interacción de factores biológicos, ambientales y sociales. Este subcapítulo examina cómo la predisposición genética, las experiencias traumáticas y el entorno socioeconómico pueden contribuir al desarrollo de estas condiciones. Comprender estos factores es esencial para diseñar intervenciones efectivas y estrategias de prevención.

Estigma y Estereotipos: Desafiando las Percepciones Sociales

Las patologías psicológicas a menudo están marcadas por el estigma y los estereotipos sociales. Este texto explora cómo las percepciones erróneas y los prejuicios pueden afectar la vida de aquellos que luchan con estas condiciones. Se destaca la importancia de desafiar el estigma para fomentar la comprensión y el apoyo en lugar de la marginalización.

Impacto en la Calidad de Vida: Desde la Funcionalidad hasta el Aislamiento

Las patologías psicológicas pueden tener un impacto significativo en la calidad de vida de quienes las experimentan. Este subcapítulo analiza cómo estas condiciones pueden afectar la funcionalidad diaria, las relaciones personales y el bienestar emocional. Se explora también el riesgo de aislamiento social y la importancia de la conexión y el apoyo durante el proceso de recuperación.

Enfoques Terapéuticos: Más Allá de la Medicación

El tratamiento de las patologías psicológicas implica una variedad de enfoques terapéuticos que van más allá de la medicación. Este texto examina estrategias psicoterapéuticas, terapias cognitivo-conductuales, intervenciones basadas en la evidencia y enfoques holísticos que abordan no solo los síntomas, sino también los factores subyacentes que contribuyen a estas condiciones.

Prevención y Promoción de la Salud Mental: Un Enfoque Integral

La prevención de las patologías psicológicas implica un enfoque integral que aborde los factores de riesgo y promueva la salud mental. Este subcapítulo explora estrategias de prevención, desde la educación y la conciencia pública hasta la creación de entornos de apoyo. Se destaca la importancia de la atención temprana y la intervención para prevenir la progresión de estas condiciones.

4.2.1 Trastornos de la Personalidad

Definiendo los Trastornos de la Personalidad: Más Allá de las Etiquetas

Los trastornos de la personalidad son condiciones mentales que influyen en la forma en que una persona piensa, siente y se comporta. En este subcapítulo, desentrañamos las complejidades de estas condiciones, yendo más allá de las etiquetas para comprender la singularidad de cada trastorno. Exploramos cómo afectan la identidad de una persona, sus relaciones y su funcionamiento en el mundo.

Tipos de Trastornos de la Personalidad: Desde el Narcisismo hasta la Esquizotipia

Este texto analiza varios tipos de trastornos de la personalidad, desde el trastorno narcisista de la personalidad hasta la esquizotipia. Cada uno de estos trastornos presenta patrones distintivos de pensamiento y comportamiento, afectando las interacciones sociales y la capacidad de adaptación al entorno. Se explora la diversidad de manifestaciones y la complejidad de diagnóstico.

Factores Contribuyentes: Genética, Experiencias Traumáticas y Entorno Social

Los trastornos de la personalidad tienen raíces en una combinación de factores genéticos, experiencias traumáticas y entorno social. Este subcapítulo examina cómo la predisposición genética puede interactuar con vivencias difíciles y entornos disfuncionales para dar lugar a estos trastornos. Se destaca la importancia de considerar la multiplicidad de factores que contribuyen a la formación de la personalidad.

Impacto en las Relaciones Interpersonales: Desafíos y Estrategias de Manejo

Los trastornos de la personalidad pueden afectar significativamente las relaciones interpersonales. Este texto analiza cómo patrones de comportamiento asociados con estos trastornos pueden presentar desafíos en la conexión con los demás. Se exploran estrategias de manejo para las personas afectadas y para aquellos que interactúan con ellas, destacando la importancia de la comprensión y el apoyo.

Diferenciando los Trastornos de la Personalidad: Identificando Marcadores Únicos

Cada trastorno de la personalidad tiene marcadores únicos que lo distinguen de los demás. Este subcapítulo examina las características distintivas de trastornos comunes, como el trastorno límite de la personalidad, el trastorno obsesivo-compulsivo de la personalidad y otros. Se busca proporcionar una comprensión más profunda de cómo estos trastornos se manifiestan y cómo pueden ser diferenciados.

Tratamientos y Estrategias de Afrontamiento: Enfoques Personalizados

El tratamiento de los trastornos de la personalidad implica enfoques personalizados que aborden las necesidades específicas de cada individuo. Este texto explora terapias psicológicas, intervenciones farmacológicas y estrategias de afrontamiento diseñadas para mejorar la calidad de vida y reducir los síntomas. Se destaca la importancia de una atención integral que considere tanto los aspectos cognitivos como emocionales.

Estigma y Sensibilización: Cambiando la Narrativa Social

Los trastornos de la personalidad a menudo están rodeados de estigma y malentendidos. Este subcapítulo aborda cómo la sensibilización y la educación pueden cambiar la narrativa social, fomentando la comprensión y la empatía hacia quienes luchan con estos trastornos. Se exploran iniciativas para reducir el estigma y promover un entorno más compasivo.

Perspectivas de Recuperación: Una Trayectoria Posible

Aunque los trastornos de la personalidad pueden presentar desafíos significativos, muchas personas encuentran una trayectoria hacia la recuperación. Este subcapítulo destaca perspectivas positivas y casos de éxito, subrayando la importancia de la esperanza y el apoyo continuo en el viaje hacia la salud mental.

4.2.2 Trastornos de Conducta

Los trastornos de conducta son más que simples acciones desafiantes; representan patrones sostenidos de comportamiento que interfieren con el funcionamiento diario. En este subcapítulo, desentrañamos la definición precisa de estos trastornos, explorando cómo van más allá de acciones superficiales para afectar la vida cotidiana, las relaciones y el bienestar general.

Tipos de Trastornos de Conducta: Desde la Oposición Desafiante hasta la Conducta Delictiva

Este texto analiza una variedad de trastornos de conducta, desde la oposición desafiante hasta la conducta delictiva. Cada uno de estos trastornos presenta características únicas que desafían la convivencia social y la adaptación saludable. Se explora la diversidad de manifestaciones y la progresión que puede llevar a comportamientos más problemáticos.

Factores Contribuyentes: Entorno Familiar, Trauma y Predisposición Genética

Los trastornos de conducta a menudo tienen raíces en una compleja interacción de factores, incluido el entorno familiar, experiencias traumáticas y predisposición genética. Este subcapítulo examina cómo la dinámica familiar, los eventos traumáticos y las predisposiciones biológicas pueden contribuir al desarrollo de estos trastornos. Comprender estos factores es crucial para abordar las causas subyacentes.

Manifestaciones en Diferentes Contextos: Desde el Aula hasta el Sistema Judicial

Los trastornos de conducta pueden manifestarse en diversos contextos, afectando no solo la vida académica sino también la interacción con el sistema judicial. Este texto analiza cómo estos trastornos pueden afectar el rendimiento escolar, las relaciones con compañeros y la implicación en comportamientos delictivos. Se exploran las ramificaciones a nivel individual y social.

Comorbilidades y Relación con Otros Trastornos: La Intersección Compleja

Muchos individuos con trastornos de conducta también experimentan comorbilidades con otros trastornos mentales. Este subcapítulo examina la intersección compleja entre los trastornos de conducta, la depresión, la ansiedad y otros trastornos, destacando la importancia de un enfoque integral en la evaluación y el tratamiento.

Intervenciones Terapéuticas: Estrategias para el Cambio Positivo

El tratamiento de los trastornos de conducta implica estrategias terapéuticas destinadas a modificar patrones de comportamiento disfuncionales. Este texto explora enfoques como la terapia cognitivo-conductual, la terapia familiar y las intervenciones escolares que buscan promover un cambio positivo en la conducta. Se destaca la importancia de intervenciones tempranas para prevenir la progresión a comportamientos más graves.

Implicaciones a Largo Plazo: Desde el Riesgo de Delincuencia hasta las Oportunidades Perdidas

Los trastornos de conducta pueden tener implicaciones significativas a largo plazo, desde un mayor riesgo de involucrarse en actividades delictivas hasta la pérdida de oportunidades educativas y profesionales. Este subcapítulo analiza las consecuencias a largo plazo de estos trastornos, resaltando la importancia de intervenciones efectivas para cambiar el curso de la vida de aquellos afectados.

Inclusión y Apoyo Social: Un Rol Clave en la Recuperación

La inclusión social y el apoyo comunitario desempeñan un papel crucial en la recuperación de individuos con trastornos de conducta. Este texto explora cómo la aceptación, la comprensión y la creación de entornos inclusivos pueden contribuir positivamente al bienestar y al cambio de comportamiento. Se destaca la importancia de abordar la estigmatización asociada con estos trastornos.

Casos Estudio y Ejemplos Prácticos

5.1 Estudios de Caso

Los estudios de caso representan un enfoque detallado y contextualizado para comprender experiencias individuales. En este subcapítulo, exploramos la definición precisa de estudios de caso, destacando la importancia de ir más allá de los detalles superficiales para comprender la complejidad de los factores que influyen en la psique humana. Examinamos cómo estos estudios proporcionan una visión en profundidad que complementa las investigaciones más amplias.

Metodología y Diseño: La Búsqueda de Profundidad y Significado

La metodología y el diseño de un estudio de caso son cruciales para capturar la riqueza y la autenticidad de la experiencia individual. Este texto examina enfoques cualitativos, entrevistas en profundidad, observación participante y otras técnicas utilizadas para recopilar datos detallados. Se destaca la importancia de la triangulación de fuentes y la inmersión en la vida del sujeto para obtener una comprensión completa.

Diversidad de Casos: Desde Trastornos Mentales hasta Resiliencia

Los estudios de caso abordan una amplia gama de experiencias, desde trastornos mentales hasta demostraciones notables de resiliencia. Este subcapítulo analiza la diversidad de casos, explorando narrativas de individuos que han enfrentado desafíos psicológicos significativos, así como aquellos que han encontrado fortaleza y crecimiento a pesar de las adversidades. Se busca destacar la complejidad y singularidad de cada historia.

Integración de Factores Biopsicosociales: Tejiendo una Red Compleja

Un elemento distintivo de los estudios de caso es la capacidad de integrar factores biopsicosociales. Este texto examina cómo estos estudios exploran la interconexión entre la biología, la psicología y el entorno social, tejiendo una red compleja que influye en la formación de la identidad y la respuesta a las experiencias. Se destaca la importancia de considerar la totalidad de la persona en el análisis.

Aplicaciones Clínicas: Informando Prácticas Terapéuticas

Los estudios de caso no solo enriquecen la comprensión académica, sino que también informan prácticas terapéuticas en el ámbito clínico. Este subcapítulo explora cómo las narrativas detalladas pueden proporcionar información valiosa para la evaluación, el diagnóstico y el diseño de intervenciones personalizadas. Se destaca la utilidad de los estudios de caso en la formación de profesionales de la salud mental.

Ética en la Investigación de Estudios de Caso: Protegiendo la Integridad del Sujeto

La ética en la investigación de estudios de caso es una consideración fundamental. Este texto examina cómo los investigadores deben abordar cuestiones de confidencialidad, consentimiento informado y la representación precisa de la experiencia del sujeto. Se destaca la importancia de proteger la integridad del sujeto y garantizar que la investigación sea ética y respetuosa.

Limitaciones y Críticas: Navegando por las Aguas de la Subjetividad

A pesar de sus beneficios, los estudios de caso también enfrentan críticas y limitaciones. Este subcapítulo aborda cuestiones relacionadas con la subjetividad, la generalización y la interpretación sesgada. Se explora cómo los investigadores pueden abordar estas limitaciones y garantizar la validez y confiabilidad de los estudios de caso en la contribución al conocimiento científico.

El Rol de los Estudios de Caso en la Psicología Actual: Una Perspectiva Integral

En la psicología contemporánea, los estudios de caso desempeñan un papel crucial en la obtención de una comprensión integral de la experiencia humana. Este texto destaca cómo estos estudios complementan investigaciones más amplias, aportando detalles ricos y contextuales que enriquecen la disciplina. Se resalta la importancia de incorporar la perspectiva de estudios de caso en el desarrollo teórico y práctico de la psicología.

5.1.1 Experimentos Controvertidos

En este subcapítulo, exploramos el terreno complicado de los "Experimentos Controvertidos", donde la búsqueda del conocimiento se encuentra con las fronteras éticas de la investigación psicológica. Desde estudios históricos hasta consideraciones contemporáneas, analizamos cómo algunos experimentos han desafiado las normas éticas, generando debates sobre la validez científica y la moralidad intrínseca de sus métodos.

Definiendo Experimentos Controvertidos: Más Allá de los Límites Convencionales

Los experimentos controvertidos trascienden los límites convencionales de la investigación ética, a menudo desafiando la integridad y la moralidad de los métodos empleados. En este subcapítulo, buscamos definir esta categoría, destacando la necesidad de un examen crítico de los experimentos que han generado controversia en el campo de la psicología. Exploramos la tensión inherente entre la expansión del conocimiento y la protección de los derechos y la dignidad de los participantes.

Estudios Históricos: Desentrañando las Páginas Éticas del Pasado

El análisis de experimentos controvertidos históricos revela una travesía ética que la psicología ha emprendido. Este texto examina estudios clásicos como el Experimento de Milgram y la Prisión de Stanford, explorando cómo estos experimentos han influido en las normas éticas y las regulaciones actuales. Se destaca la importancia de aprender de la historia para evitar repetir errores éticos del pasado.

Métodos y Prácticas Controvertidas: Desafíos Éticos en la Investigación Actual

Los experimentos controvertidos no son exclusivos del pasado; también plantean desafíos éticos en la investigación actual. Este subcapítulo analiza métodos y prácticas controvertidas contemporáneas, como la manipulación emocional extrema y la falta de consentimiento informado. Se explora la responsabilidad de los investigadores en el diseño y la ejecución de estudios que respeten los principios éticos fundamentales.

Ética en la Investigación: Principios Fundamentales y Sus Desafíos

La ética en la investigación psicológica se basa en principios fundamentales como el consentimiento informado, la confidencialidad y la protección del bienestar del participante. Este texto examina cómo los experimentos controvertidos a menudo desafían estos principios, presentando desafíos éticos significativos. Se destaca la importancia de equilibrar la necesidad de conocimiento con la protección de los derechos y la integridad de los participantes.

Debates sobre la Utilidad Científica: ¿Merece la Pena el Costo Ético?

Un debate central en torno a los experimentos controvertidos gira en torno a la utilidad científica en comparación con el costo ético. Este subcapítulo explora cómo algunos estudios han contribuido al conocimiento psicológico, pero a expensas de la integridad ética. Se plantea la pregunta crítica de si el beneficio científico justifica los riesgos y las repercusiones éticas asociadas.

Consecuencias para los Participantes: Más Allá de la Contribución Científica

Las consecuencias para los participantes en experimentos controvertidos son una consideración fundamental. Este texto examina cómo la participación en estudios que desafían normas éticas puede tener impactos duraderos en la salud mental y emocional de los sujetos. Se destaca la importancia de considerar las repercusiones a largo plazo y la responsabilidad de los investigadores en mitigar posibles daños.

Regulaciones y Reformas Éticas: Evolucionando Hacia un Enfoque Más Responsable

En respuesta a los desafíos éticos, las regulaciones y reformas éticas han evolucionado en la investigación psicológica. Este subcapítulo explora cómo las instituciones y las organizaciones buscan establecer estándares más rigurosos para proteger a los participantes. Se destaca la necesidad de un enfoque más responsable y ético en la planificación, ejecución y revisión de la investigación.

Reflexiones Actuales: La Búsqueda de un Equilibrio Ético en la Investigación

En la era contemporánea, la psicología se encuentra en una encrucijada ética, buscando un equilibrio entre la expansión del conocimiento y la integridad ética. Este texto reflexiona sobre la importancia de continuar evaluando y reformando las prácticas de investigación para garantizar que la ciencia avance de manera ética y responsable.

5.1.2 Crímenes Psicológicos Famosos

Los crímenes psicológicos famosos trascienden los titulares sensacionalistas, revelando capas más profundas de la psique humana. En este subcapítulo, introducimos la noción de crímenes que han capturado la atención del público y la comunidad de la psicología forense. Exploramos cómo estos casos van más allá de la narrativa delictiva para revelar aspectos oscuros de la mente humana.

Casos Históricos: Profundizando en las Raíces de la Psicología Criminal

El análisis de crímenes psicológicos históricos ofrece una ventana a las raíces de la psicología criminal. Este texto examina casos emblemáticos como el asesinato de Jack el Destripador y el secuestro de Patty Hearst, desentrañando las motivaciones y dinámicas psicológicas que subyacen en estos eventos. Se busca comprender cómo estos casos han influido en la evolución de la psicología forense.

Perfilación Criminal: Descifrando las Señales Psicológicas

La perfilación criminal se ha convertido en una herramienta crucial en la investigación de crímenes psicológicos. Este subcapítulo analiza cómo los profesionales en psicología forense utilizan la evidencia del crimen para crear perfiles psicológicos de posibles perpetradores. Se explora la eficacia de esta técnica y su impacto en la resolución de casos notorios.

Motivaciones Psicológicas: De la Obsesión al Poder Desmedido

Los crímenes psicológicos a menudo están impulsados por motivaciones complejas que van más allá de la simple criminalidad. Este texto examina cómo la obsesión, el poder desmedido, la venganza y otras motivaciones psicológicas han llevado a la perpetración de crímenes notorios. Se busca comprender las fuerzas subyacentes que impulsan a los individuos a cometer actos extremadamente violentos.

Psicopatía y Crimen: El Desafío de Identificar la Maldad Sin Rostro

La psicopatía, con su falta de empatía y remordimiento, a menudo está asociada con crímenes psicológicos notorios. Este subcapítulo explora cómo los rasgos psicopáticos pueden contribuir a comportamientos criminales extremos. Se analiza la dificultad de identificar la maldad sin rostro y cómo la psicología forense aborda el desafío de comprender y prevenir la psicopatía criminal.

Crimen en la Era Digital: Desafíos Emergentes en la Psicología Forense

Con la proliferación de la tecnología, los crímenes psicológicos también han evolucionado hacia el ámbito digital. Este texto examina cómo la psicología forense aborda los desafíos emergentes de la ciberdelincuencia, el acoso en línea y otros crímenes digitales. Se destaca la importancia de adaptar las herramientas de la psicología criminal a la era digital.

Impacto en las Víctimas: Más Allá de las Estadísticas Criminales

Los crímenes psicológicos no solo afectan a los individuos directamente involucrados, sino que también dejan secuelas psicológicas duraderas en las víctimas y en la sociedad en general. Este subcapítulo analiza el impacto psicológico en las víctimas y cómo la psicología forense aborda la atención y el apoyo necesarios para aquellos que han experimentado traumas significativos.

Ética en la Investigación Criminal: Balances Delicados y Límites Éticos

La ética en la investigación de crímenes psicológicos es un terreno delicado que requiere equilibrios cuidadosos entre la obtención de la verdad y la protección de los derechos individuales. Este texto explora los límites éticos de la investigación criminal, destacando la importancia de salvaguardar la integridad y la dignidad de todas las partes involucradas, incluidos los perpetradores.

Lecciones Aprendidas y Prevención: Hacia un Futuro Más Seguro

La psicología forense utiliza la comprensión de los crímenes psicológicos para aprender lecciones valiosas que pueden informar estrategias de prevención. Este subcapítulo destaca cómo el análisis de casos famosos ha llevado a mejoras en la prevención del crimen y en la identificación temprana de posibles amenazas. Se busca trazar un camino hacia un futuro más seguro a través del conocimiento y la intervención adecuada.

5.2 Análisis de Perfiles

Desde su evolución histórica hasta las complejidades contemporáneas, exploramos cómo el análisis de perfiles contribuye a la identificación y comprensión de criminales notorios.

Orígenes Históricos del Análisis de Perfiles: De Profiling a una Disciplina Especializada

El análisis de perfiles tiene sus raíces en la década de 1950, evolucionando desde un enfoque general conocido como "profiling" hacia una disciplina especializada en la psicología forense. Este texto examina cómo pioneros como el agente del FBI John E. Douglas y el criminólogo Robert Ressler contribuyeron al desarrollo de esta técnica, transformándola en una herramienta esencial en la resolución de crímenes.

Metodología y Enfoques en el Análisis de Perfiles: Más Allá del Estereotipo Criminal

El análisis de perfiles va más allá del estereotipo del criminal y utiliza metodologías variadas para comprender la psicología de los perpetradores. Este subcapítulo analiza enfoques como el inductivo, deductivo y estadístico en el análisis de perfiles, destacando la importancia de adaptar las técnicas a la naturaleza única de cada caso. Se explora cómo las entrevistas, la revisión de la escena del crimen y la evaluación psicológica contribuyen a la creación de perfiles precisos.

Tipos de Perfiles: Desde Asesinos Seriales hasta Criminales de Guante Blanco

El análisis de perfiles aborda una diversidad de casos, desde asesinatos seriales hasta delitos financieros. Este texto examina cómo los profesionales en psicología forense adaptan sus enfoques para diferentes tipos de criminales, considerando las motivaciones, patrones de comportamiento y características psicológicas específicas. Se busca destacar la versatilidad de esta herramienta en la investigación criminal.

Desafíos en el Análisis de Perfiles: Superando Obstáculos en la Identificación Criminal

A pesar de su utilidad, el análisis de perfiles enfrenta desafíos significativos. Este subcapítulo aborda obstáculos como la falta de datos, la variabilidad en la efectividad y los prejuicios implícitos. Se explora cómo los profesionales en psicología forense buscan superar estos desafíos para mejorar la precisión y confiabilidad del análisis de perfiles.

Ética en el Análisis de Perfiles: Salvaguardando la Justicia y los Derechos Individuales

La ética en el análisis de perfiles es esencial para salvaguardar la justicia y los derechos individuales. Este texto examina cómo los profesionales deben equilibrar la obtención de información relevante con la protección de la privacidad y la dignidad de los individuos bajo investigación. Se destaca la importancia de respetar los principios éticos fundamentales en el proceso de análisis de perfiles.

Contribuciones del Análisis de Perfiles a la Resolución de Crímenes: Casos Notorios y Éxitos Sobresalientes

El análisis de perfiles ha desempeñado un papel crucial en la resolución de casos notorios. Este subcapítulo examina contribuciones destacadas, como el caso del "Unabomber" y el "Asesino del Green River", destacando cómo el análisis de perfiles ha llevado a la identificación y captura de criminales peligrosos. Se busca ilustrar cómo esta técnica ha sido fundamental para el avance de la investigación criminal.

Desarrollos Actuales y Futuros en el Análisis de Perfiles: Innovación en la Psicología Forense

El análisis de perfiles continúa evolucionando con los avances en la psicología forense y la tecnología. Este texto explora desarrollos actuales, como el uso de inteligencia artificial y la integración de datos masivos en el análisis de perfiles. Se destaca cómo la innovación está transformando la eficacia y el alcance de esta herramienta en la identificación de criminales.

Colaboración Interdisciplinaria: Integrando la Psicología con Otras Disciplinas Forenses

El análisis de perfiles se beneficia de la colaboración interdisciplinaria con otras disciplinas forenses. Este subcapítulo examina cómo la integración de la psicología con la criminalística, la medicina forense y otras disciplinas mejora la comprehensión de los casos. Se destaca la importancia de un enfoque holístico en la investigación criminal.

5.2.1 Perfiles Psicológicos de Individuos Oscuros

Los perfiles psicológicos de individuos oscuros van más allá de las apariencias superficiales para revelar las complejidades internas de la mente. En este subcapítulo, exploramos cómo la oscuridad interior se manifiesta en comportamientos criminales, trastornos psicológicos y rasgos de personalidad perturbadores. Se destaca la necesidad de un análisis profundo para comprender las motivaciones subyacentes detrás de las acciones aparentemente inexplicables.

Criminales Notorios: La Psicología de la Maldad Reconocida

Este texto examina perfiles psicológicos de criminales notorios, desde asesinos en serie hasta delincuentes de cuello blanco. Se busca entender cómo la psicología forense analiza patrones de comportamiento, rasgos de personalidad y motivaciones profundas para construir perfiles precisos de aquellos cuyas acciones han dejado una marca indeleble en la historia criminal. Se destaca la importancia de reconocer y abordar la oscuridad interior en la comprensión de criminales reconocidos.

Figuras Históricas Controversiales: Explorando la Oscuridad en la Historia

El análisis de perfiles se extiende más allá de los confines criminales para explorar figuras históricas cuyas acciones han sido objeto de controversia. Este subcapítulo examina perfiles psicológicos de líderes autoritarios, dictadores y figuras históricas que han dejado un legado oscuro. Se busca comprender cómo la psicología forense puede arrojar luz sobre las motivaciones y dinámicas psicológicas de aquellos que han influido en eventos históricos.

Rasgos de Personalidad Oscuros: Más Allá de la Superficialidad de los Comportamientos

La oscuridad interior se refleja en una variedad de rasgos de personalidad que van más allá de los comportamientos visibles. Este texto explora cómo la psicología forense analiza rasgos como la falta de empatía, la manipulación y la búsqueda de poder para construir perfiles psicológicos precisos. Se destaca la importancia de identificar estos rasgos en la evaluación de individuos oscuros.

Motivaciones Profundas: Desentrañando los Misterios Psicológicos

Las motivaciones de individuos oscuros son a menudo misteriosas y complejas. Este subcapítulo examina cómo la psicología forense busca desentrañar los misterios psicológicos detrás de las acciones de criminales y figuras controvertidas. Se analiza cómo las experiencias de vida, los traumas y los trastornos mentales pueden contribuir a la formación de la oscuridad interior, proporcionando una comprensión más completa de sus acciones.

Dinámicas de Grupo y Cultura: Influencias en la Formación de la Oscuridad Interior

La oscuridad interior no se desarrolla en un vacío; es moldeada por dinámicas de grupo y cultura. Este texto examina cómo la psicología forense considera la influencia de factores sociales, culturales y de grupo en la formación de la oscuridad interior. Se busca comprender cómo estas fuerzas externas pueden contribuir a la manifestación de comportamientos oscuros en individuos.

Intervención y Tratamiento: Abordando la Oscuridad Interior

La psicología forense no solo se centra en la identificación de la oscuridad interior, sino también en estrategias de intervención y tratamiento. Este subcapítulo analiza cómo los profesionales trabajan para desarrollar programas de rehabilitación y tratamiento para individuos oscuros, buscando abordar las raíces psicológicas de su comportamiento. Se destaca la importancia de encontrar un equilibrio entre la justicia y la rehabilitación en la intervención.

Ética en el Perfilado de Individuos Oscuros: Salvaguardando la Profundidad de la Comprensión

La ética en el perfilado de individuos oscuros es esencial para salvaguardar la profundidad de la comprensión y la dignidad de aquellos bajo investigación. Este texto examina cómo los profesionales en psicología forense abordan cuestiones éticas en la identificación y análisis de la oscuridad interior. Se destaca la importancia de equilibrar la búsqueda de la verdad con la responsabilidad ética en el proceso de perfilado.

5.2.2 Evaluación de Conductas Problemáticas

La evaluación de conductas problemáticas tiene sus raíces en el desarrollo histórico de la psicología y la criminología. Este texto examina cómo las primeras formas de evaluación se centraron en identificar y clasificar comportamientos desviados. Desde los primeros estudios de Lombroso hasta las teorías modernas, exploramos cómo ha evolucionado la evaluación de conductas problemáticas a lo largo del tiempo.

Metodologías y Enfoques en la Evaluación: Más Allá de las Apariencias Superficiales

La evaluación de conductas problemáticas utiliza diversas metodologías para ir más allá de las apariencias superficiales y comprender las motivaciones subyacentes. En este subcapítulo, analizamos enfoques como la entrevista psicológica, la observación directa y las pruebas estandarizadas. Se destaca la importancia de adaptar las técnicas de evaluación a la naturaleza única de cada caso.

Tipos de Conductas Problemáticas: Desde la Agresión hasta la Adicción

La evaluación de conductas problemáticas aborda una amplia gama de comportamientos, desde la agresión hasta la adicción. Este texto examina cómo los profesionales en psicología forense utilizan diferentes enfoques para evaluar y comprender patrones problemáticos en individuos. Se busca destacar la diversidad de conductas que pueden generar preocupación y la importancia de una evaluación precisa.

Factores de Riesgo y Protectores: Comprendiendo el Contexto de las Conductas Problemáticas

Las conductas problemáticas no existen en un vacío; están influenciadas por factores de riesgo y protectores. Este subcapítulo analiza cómo la evaluación de conductas problemáticas considera el contexto social, familiar y psicológico para comprender mejor la génesis de comportamientos inquietantes. Se explora la importancia de identificar no solo los síntomas evidentes, sino también los factores subyacentes que contribuyen a las conductas problemáticas.

Evaluación de Riesgo y Peligrosidad: Anticipando Posibles Amenazas

La evaluación de conductas problemáticas desempeña un papel crucial en la identificación de riesgos y peligros. Este texto examina cómo los profesionales en psicología forense evalúan la peligrosidad potencial de individuos con conductas problemáticas, utilizando herramientas específicas y análisis de riesgo. Se destaca la importancia de anticipar posibles amenazas para la seguridad pública.

Psicopatología y Evaluación: Desentrañando los Desórdenes Mentales Subyacentes

Muchas conductas problemáticas tienen raíces en la psicopatología y los desórdenes mentales. En este subcapítulo, exploramos cómo la evaluación de conductas problemáticas desentraña los desórdenes mentales subyacentes mediante pruebas psicométricas, entrevistas clínicas y observación del comportamiento. Se busca comprender cómo la psicopatología contribuye a comportamientos problemáticos y cómo estos pueden abordarse terapéuticamente.

Evaluación Forense y Legal: Un Enfoque Específico en el Contexto Judicial

La evaluación de conductas problemáticas en el ámbito forense y legal implica un enfoque específico adaptado a las necesidades judiciales. Este texto examina cómo los profesionales en psicología forense realizan evaluaciones que informan decisiones legales, desde la determinación de la capacidad hasta la evaluación de la responsabilidad penal. Se destaca la importancia de una evaluación precisa y ética en el contexto legal.

Ética en la Evaluación de Conductas Problemáticas: Salvaguardando los Derechos Individuales

La ética en la evaluación de conductas problemáticas es esencial para salvaguardar los derechos individuales y la dignidad de aquellos bajo evaluación. Este subcapítulo analiza cómo los profesionales abordan cuestiones éticas, como la confidencialidad, el consentimiento informado y la imparcialidad en el proceso de evaluación. Se destaca la importancia de equilibrar la necesidad de información con el respeto a los derechos individuales.

Intervención y Tratamiento: Más Allá de la Identificación de Problemas

La evaluación de conductas problemáticas no se detiene en la identificación de problemas; también informa la intervención y el tratamiento. En este texto, exploramos cómo los resultados de la evaluación guían estrategias terapéuticas y programas de intervención, buscando abordar las raíces psicológicas de las conductas problemáticas. Se destaca la importancia de una intervención temprana y efectiva.

Ética y Responsabilidad

6.1 Reflexiones sobre la Ética en la Psicología Oscura

La ética en la investigación psicológica es la columna vertebral de la psicología oscura. Este texto examina cómo los profesionales se esfuerzan por salvaguardar la integridad y la veracidad en la investigación, asegurándose de que los métodos y resultados sean éticamente sólidos. Se destaca la importancia de la transparencia, el consentimiento informado y la revisión ética en la conducción de investigaciones en el ámbito de la psicología oscura.

Ética en la Práctica Clínica: Garantizando el Bienestar del Cliente

La práctica clínica en la psicología oscura conlleva responsabilidades éticas adicionales para garantizar el bienestar del cliente. Este subcapítulo analiza cómo los profesionales abordan dilemas éticos en la terapia con individuos involucrados en comportamientos oscuros. Se explora la necesidad de establecer límites claros, mantener la confidencialidad y equilibrar la búsqueda de la verdad con la protección del cliente.

Límites Éticos en la Investigación de la Psicología Oscura: Desafiando la Curiosidad Profesional

La investigación en psicología oscura a menudo desafía la curiosidad profesional al enfrentarse a límites éticos. Este texto examina cómo los investigadores trazan límites claros para proteger a los participantes y evitar consecuencias no deseadas. Se destaca la importancia de reflexionar sobre la necesidad de la investigación frente a los posibles daños éticos y psicológicos.

Responsabilidad Profesional: La Ética en la Toma de Decisiones

La responsabilidad profesional en la psicología oscura implica tomar decisiones éticas fundamentales. En este subcapítulo, exploramos cómo los profesionales asumen la responsabilidad de sus acciones y decisiones, considerando el impacto potencial en los individuos involucrados y en la sociedad en general. Se destaca la necesidad de la autorreflexión ética y la toma de decisiones informadas.

Confidencialidad y Privacidad: Pilares Éticos en la Psicología Oscura

La confidencialidad y privacidad son pilares éticos fundamentales en la psicología oscura. Este texto analiza cómo los profesionales manejan la delicada información recopilada durante la investigación y la práctica, equilibrando la necesidad de revelar la verdad con la obligación de proteger la identidad y el bienestar de los individuos involucrados. Se destaca la importancia de establecer límites éticos claros para salvaguardar la integridad del proceso.

Consentimiento Informado: Empoderando a los Participantes en la Psicología Oscura

El consentimiento informado toma un papel central en la ética de la psicología oscura. Este subcapítulo examina cómo los profesionales buscan empoderar a los participantes al proporcionar información completa y comprensible sobre la naturaleza de la investigación o tratamiento. Se explora la importancia de obtener un consentimiento ético y voluntario, especialmente cuando se trata de temas sensibles.

Impacto en la Sociedad: Ética en la Difusión de Conocimientos Oscuros

La ética en la psicología oscura se extiende a la difusión de conocimientos y descubrimientos. Este texto analiza cómo los profesionales manejan la responsabilidad ética de comunicar hallazgos sin contribuir a la glorificación o normalización de comportamientos oscuros. Se destaca la importancia de abordar la información con sensibilidad y considerar las posibles implicaciones sociales.

Desafíos Contemporáneos: Ética en la Era Digital y la Psicología Oscura

La era digital presenta desafíos éticos únicos en la psicología oscura. Este subcapítulo examina cómo los profesionales abordan cuestiones como la privacidad en línea, la manipulación digital y la divulgación irresponsable de información. Se destaca la necesidad de adaptar los principios éticos tradicionales a la evolución de la tecnología y su impacto en la investigación y práctica en psicología oscura.

Ética y Autocuidado del Profesional: Protegiendo la Salud Mental y Ética del Investigador o Terapeuta

La ética en la psicología oscura también abarca el autocuidado del profesional. Este texto explora cómo los investigadores y terapeutas se cuidan a sí mismos para prevenir el agotamiento, la fatiga moral y la exposición continua a contenido oscuro. Se destaca la importancia de establecer límites personales y buscar apoyo profesional para proteger la salud mental y ética del individuo.

6.2 Implicaciones Éticas en la Investigación y Práctica Psicológica

Las decisiones éticas en la investigación psicológica trascienden el proceso metodológico. Este texto examina cómo los investigadores enfrentan dilemas éticos desde la formulación de preguntas de investigación hasta la interpretación de resultados. Se destaca la importancia de la reflexión ética continua para asegurar que cada fase del proceso respete la dignidad y los derechos de los participantes.

Toma de Decisiones en la Práctica Psicológica: El Arte de Equilibrar Intereses

La práctica psicológica requiere una toma de decisiones éticas consciente y reflexiva. En este subcapítulo, exploramos cómo los profesionales deben equilibrar los intereses del cliente, la sociedad y su propio código ético en situaciones clínicas complejas. Se destaca la necesidad de considerar múltiples perspectivas y buscar soluciones que respeten la integridad y el bienestar de todas las partes involucradas.

Consentimiento Informado y Autonomía del Cliente: Fundamentos Éticos en la Intervención Psicológica

La ética en la práctica psicológica se basa en el respeto a la autonomía del cliente, y el consentimiento informado juega un papel crucial. Este texto analiza cómo los profesionales garantizan que los clientes comprendan completamente los objetivos, riesgos y beneficios de la intervención psicológica. Se destaca la importancia de fomentar la toma de decisiones informada y el respeto a la autonomía del individuo.

Confidencialidad y Privacidad: Protegiendo la Intimidad del Cliente en la Era Digital

En la era digital, la confidencialidad y privacidad se vuelven aún más críticas en la práctica psicológica. Este subcapítulo examina cómo los profesionales deben adaptarse a los desafíos tecnológicos, como la protección de datos en línea y la confidencialidad en la comunicación digital. Se destaca la necesidad de establecer medidas de seguridad sólidas para salvaguardar la privacidad del cliente.

Ética en la Evaluación Psicológica: Garantizando la Validez y Utilidad de los Resultados

La ética en la evaluación psicológica implica garantizar la validez y utilidad de los resultados para informar decisiones importantes. Este texto analiza cómo los profesionales deben seleccionar y administrar pruebas de manera ética, considerando factores como la cultura, la diversidad y la equidad. Se destaca la importancia de utilizar herramientas de evaluación que sean culturalmente sensibles y validadas para la población evaluada.

Ética en la Investigación con Poblaciones Vulnerables: Protegiendo los Derechos de los Participantes

La investigación con poblaciones vulnerables plantea desafíos éticos particulares. Este subcapítulo examina cómo los investigadores deben abordar cuestiones de poder, equidad y justicia al trabajar con grupos más susceptibles a posibles daños. Se destaca la importancia de proteger los derechos de los participantes y de contribuir a la comprensión de las experiencias de estas poblaciones sin explotación ni estigmatización.

Implicaciones Éticas en la Psicología Forense: Entre la Verdad y la Justicia

La psicología forense enfrenta la delicada tarea de equilibrar la búsqueda de la verdad con la garantía de justicia. En este texto, exploramos cómo los profesionales deben abordar la objetividad, la imparcialidad y la equidad al proporcionar testimonios periciales y asesoramiento en contextos legales. Se destaca la responsabilidad ética de contribuir a un sistema de justicia que respete los derechos individuales.

Desafíos Éticos en la Psicología Organizacional: Navegando las Relaciones Empleador-Empleado

La psicología organizacional presenta desafíos éticos únicos al navegar las relaciones entre empleador y empleado. Este subcapítulo examina cómo los profesionales deben abordar cuestiones como la privacidad en el lugar de trabajo, la equidad en la selección de personal y la gestión ética de conflictos laborales. Se destaca la importancia de contribuir a entornos de trabajo éticos y respetuosos.

Responsabilidad Social de los Profesionales: Contribuyendo al Bienestar Comunitario

La ética en la investigación y práctica psicológica implica una responsabilidad social más amplia. Este texto analiza cómo los profesionales deben contribuir al bienestar comunitario y abordar cuestiones sociales a través de la investigación aplicada y el activismo. Se destaca la necesidad de utilizar la influencia y el conocimiento para promover la equidad y la justicia social.

Ética en la Formación de Profesionales: Construyendo una Base Sólida desde el Principio

La ética en la formación de profesionales es esencial para construir una base sólida desde el principio de sus carreras. Este subcapítulo examina cómo los programas de formación deben integrar la ética en la enseñanza y la supervisión clínica para preparar a los futuros profesionales para abordar dilemas éticos de manera reflexiva y efectiva. Se destaca la importancia de cultivar una cultura ética desde el inicio de la formación.

Superando la Oscuridad

7.1 Estrategias de Prevención

La identificación temprana de factores de riesgo es la piedra angular de las estrategias de prevención. Este texto examina cómo los profesionales en psicología trabajan para reconocer señales y patrones que pueden indicar un riesgo de desarrollo de comportamientos oscuros. Se destaca la importancia de la observación cuidadosa, la evaluación sistemática y la colaboración interdisciplinaria para identificar factores de riesgo en etapas tempranas.

Educación y Concientización: Armando a la Sociedad con Conocimientos Preventivos

La educación y concientización son armas poderosas en la prevención de fenómenos oscuros. Este subcapítulo explora cómo los programas educativos buscan armar a la sociedad con conocimientos preventivos, promoviendo la comprensión de la psicología oscura y fomentando comportamientos proactivos. Se destaca la importancia de la educación desde una edad temprana para cultivar la conciencia y la responsabilidad individual y colectiva.

Intervención Temprana en Riesgos Psicológicos: Prevenir Antes de que se Desarrolle la Oscuridad

La intervención temprana en riesgos psicológicos es esencial para prevenir el desarrollo de la oscuridad interior. Este texto analiza cómo los profesionales en salud mental implementan estrategias de intervención proactiva para abordar desafíos psicológicos antes de que escalen a comportamientos problemáticos. Se destaca la importancia de brindar apoyo temprano y accesible para prevenir la aparición de trastornos y conductas oscuros.

Promoción de la Salud Mental y Bienestar: Construyendo Resiliencia Individual y Comunitaria

La promoción de la salud mental y bienestar se convierte en una herramienta poderosa en la prevención de la psicología oscura. Este subcapítulo examina cómo las estrategias de prevención buscan fortalecer la resiliencia individual y comunitaria, promoviendo el autocuidado, las habilidades de afrontamiento saludables y la conexión social. Se destaca la importancia de crear entornos que fomenten la salud mental y prevengan la aparición de factores de riesgo.

Desarrollo de Habilidades Socioemocionales: Construyendo una Base Sólida desde la Infancia

El desarrollo de habilidades socioemocionales desde la infancia es fundamental en las estrategias de prevención. Este texto explora cómo los programas educativos y comunitarios se centran en construir una base sólida de habilidades emocionales y sociales, fortaleciendo la capacidad de los individuos para manejar el estrés, resolver conflictos y desarrollar relaciones saludables. Se destaca la importancia de cultivar estas habilidades como una defensa preventiva.

Programas de Resiliencia Escolar: Creando Ambientes Educativos Protectores

Los programas de resiliencia escolar juegan un papel vital en la creación de ambientes educativos protectores. En este subcapítulo, analizamos cómo las escuelas implementan estrategias para fortalecer la resiliencia de los estudiantes, ofreciendo apoyo emocional, enseñando habilidades de afrontamiento y promoviendo la empatía. Se destaca la importancia de crear entornos escolares que sean seguros, inclusivos y fomenten el bienestar.

Intervención Familiar: Fortaleciendo los Vínculos y la Comunicación Saludable

La intervención familiar se convierte en un componente esencial de las estrategias de prevención. Este texto examina cómo los profesionales en salud mental trabajan con familias para fortalecer los vínculos y promover la comunicación saludable, creando un ambiente familiar que sirva como amortiguador contra los riesgos psicológicos. Se destaca la importancia de abordar dinámicas familiares que puedan contribuir a la aparición de comportamientos oscuros.

Acceso a Recursos de Salud Mental: Eliminando Barreras para la Búsqueda de Ayuda

El acceso a recursos de salud mental se convierte en un componente crítico de las estrategias de prevención. Este subcapítulo analiza cómo los sistemas de salud buscan eliminar barreras para la búsqueda de ayuda, promoviendo la accesibilidad y la asequibilidad de servicios de salud mental. Se destaca la importancia de reducir el estigma asociado con la búsqueda de ayuda y facilitar el acceso a servicios de calidad.

Colaboración Interdisciplinaria: Tejiendo una Red Preventiva Integral

La colaboración interdisciplinaria emerge como un enfoque clave en la construcción de una red preventiva integral. Este texto explora cómo los profesionales en psicología trabajan en colaboración con otros campos, como la educación, la salud pública y la justicia, para abordar la psicología oscura desde múltiples perspectivas. Se destaca la necesidad de una colaboración continua para crear estrategias de prevención efectivas y sostenibles.

Evaluación Continua y Adaptación: Ajustándose a las Dinámicas Cambiantes

La evaluación continua y adaptación son fundamentales en la implementación exitosa de estrategias de prevención. En este subcapítulo, examinamos cómo los programas de prevención se someten a evaluaciones regulares para medir su efectividad y se ajustan según sea necesario para abordar las dinámicas cambiantes. Se destaca la importancia de la flexibilidad y la adaptabilidad en la creación de estrategias preventivas sólidas.

7.2 Tratamientos y Rehabilitación

Los enfoques terapéuticos se convierten en faros de esperanza al iluminar el camino hacia la recuperación. Este texto examina cómo las terapias individuales, grupales o familiares se utilizan para abordar las raíces psicológicas de la oscuridad. Se destaca la importancia de adaptar los enfoques terapéuticos a las necesidades únicas de cada individuo, reconociendo la diversidad de experiencias y desafíos.

Terapia Cognitivo-Conductual: Transformando Patrones de Pensamiento y Comportamiento

La terapia cognitivo-conductual emerge como una herramienta poderosa en la transformación de patrones de pensamiento y comportamiento. En este subcapítulo, analizamos cómo esta modalidad terapéutica se centra en identificar y cambiar pensamientos negativos y comportamientos problemáticos. Se destaca la efectividad de la terapia cognitivo-conductual en el tratamiento de trastornos asociados con la psicología oscura.

Terapia Psicodinámica: Explorando las Profundidades del Inconsciente

La terapia psicodinámica se adentra en las profundidades del inconsciente para explorar las raíces de la oscuridad. Este texto explora cómo esta modalidad terapéutica busca comprender las experiencias pasadas y los procesos inconscientes que influyen en el presente. Se destaca la importancia de la relación terapéutica y la resolución de conflictos subyacentes para promover la recuperación.

Terapia de Grupo: Compartiendo Experiencias y Fomentando la Solidaridad

La terapia de grupo se convierte en un espacio donde compartir experiencias y fomentar la solidaridad. En este subcapítulo, examinamos cómo los grupos terapéuticos ofrecen un contexto de apoyo donde los individuos pueden sentirse comprendidos y aceptados. Se destaca la importancia de la conexión social en el proceso de recuperación y el intercambio de estrategias para afrontar los desafíos.

Terapia Familiar: Restaurando Relaciones y Apoyo Sistémico

La terapia familiar se enfoca en restaurar relaciones y proporcionar apoyo sistémico. Este texto analiza cómo la psicología trabaja con familias para abordar dinámicas disfuncionales y fortalecer el apoyo mutuo. Se destaca la importancia de incluir a la familia en el proceso de tratamiento, reconociendo su papel fundamental en la recuperación del individuo.

Intervenciones Farmacológicas: Equilibrando la Química Cerebral

Las intervenciones farmacológicas se convierten en herramientas cruciales para equilibrar la química cerebral en casos específicos. En este subcapítulo, examinamos cómo los profesionales en salud mental pueden recurrir a medicamentos para tratar síntomas asociados con la psicología oscura, como la depresión, la ansiedad o los trastornos del estado de ánimo. Se destaca la importancia de una evaluación cuidadosa y la supervisión continua en el uso de medicamentos.

Programas de Rehabilitación: Construyendo un Futuro Saludable y Productivo

Los programas de rehabilitación se centran en construir un futuro saludable y productivo para aquellos que han experimentado la oscuridad. Este texto explora cómo estos programas abordan no solo los aspectos clínicos, sino también las habilidades sociales, laborales y educativas. Se destaca la importancia de la rehabilitación para la reintegración exitosa en la sociedad.

Apoyo Psicosocial: Tejiendo Redes de Apoyo Cruciales

El apoyo psicosocial se convierte en un componente crucial en la travesía de recuperación. En este subcapítulo, analizamos cómo la creación de redes de apoyo, que incluyen amigos, familiares y comunidades, desempeña un papel fundamental en el proceso de tratamiento y rehabilitación. Se destaca la importancia de contar con un sistema de apoyo sólido para fortalecer la resiliencia individual.

Educación Continua y Autocuidado: Construyendo una Base para la Recuperación Sostenible

La educación continua y el autocuidado se convierten en elementos clave para construir una base para la recuperación sostenible. Este texto explora cómo los profesionales y los individuos afectados trabajan juntos para comprender mejor las necesidades de salud mental y adoptar prácticas de autocuidado que promuevan el bienestar a largo plazo. Se destaca la importancia de la autenticidad y la autorreflexión en este proceso.

Monitoreo y Prevención de Recaídas: Salvaguardando el Progreso Logrado

El monitoreo y prevención de recaídas son fundamentales para salvaguardar el progreso logrado durante el tratamiento. En este subcapítulo, examinamos cómo los profesionales y los individuos implementan estrategias para identificar posibles desafíos y prevenir recaídas. Se destaca la importancia de un enfoque continuo y proactivo para mantener la estabilidad emocional y prevenir retrocesos.

7.2.1 Enfoques Terapéuticos

La terapia cognitivo-conductual (TCC) destaca como faro principal en la transformación de patrones de pensamiento y comportamiento. Al iluminar los caminos de la autoconciencia, la TCC se enfoca en identificar y modificar pensamientos negativos y comportamientos disfuncionales. Este enfoque terapéutico ofrece a los individuos herramientas prácticas para enfrentar desafíos y superar obstáculos, promoviendo una nueva perspectiva y habilidades adaptativas.

Terapia Psicodinámica: Explorando las Raíces Profundas de la Experiencia Interior

En el mundo de los enfoques terapéuticos, la terapia psicodinámica emerge como una luz que ilumina las raíces profundas de la experiencia interior. Este método busca explorar las conexiones entre experiencias pasadas y el presente, permitiendo una comprensión más profunda de los procesos inconscientes que influyen en el comportamiento y las emociones. A través de la exploración de conflictos subyacentes, la terapia psicodinámica allana el camino hacia la resolución y la recuperación.

Terapia Humanista: Abrazando la Autenticidad y el Crecimiento Personal

La terapia humanista destaca como un enfoque que abraza la autenticidad y el crecimiento personal. Iluminando el sendero hacia la autorreflexión y la autoaceptación, esta modalidad terapéutica, que incluye enfoques como la terapia centrada en la persona, busca fomentar el desarrollo de la persona en su totalidad. A través de la empatía y la comprensión incondicional, la terapia humanista promueve un espacio seguro para que los individuos exploren su verdadero yo y desencadenen un crecimiento significativo.

Terapia de Grupo: Compartiendo Experiencias para Fomentar la Sanación Comunitaria

La terapia de grupo destaca como una luz que brilla en el poder de la comunidad para fomentar la sanación. Al proporcionar un espacio donde los individuos comparten experiencias, desafíos y triunfos, esta modalidad terapéutica crea un sentido de pertenencia y solidaridad. A través de la conexión con otros que han enfrentado desafíos similares, la terapia de grupo ilumina el camino hacia la comprensión mutua y la construcción de un sistema de apoyo valioso.

Terapia Familiar: Restaurando Relaciones y Fortaleciendo Vínculos

En el universo de los enfoques terapéuticos, la terapia familiar destaca como una luz que restaura relaciones y fortalece vínculos. Este enfoque reconoce la importancia de abordar dinámicas familiares disfuncionales, trabajando para mejorar la comunicación y promover un entorno de apoyo. Al iluminar la conexión entre individuos, la terapia familiar facilita la comprensión y el apoyo mutuo, construyendo una base sólida para la recuperación.

Terapia Narrativa: Reescribiendo Historias para la Resiliencia

La terapia narrativa se presenta como una luz que guía hacia la reescritura de historias personales para fomentar la resiliencia. Este enfoque terapéutico se centra en cambiar la perspectiva sobre las experiencias pasadas, permitiendo a los individuos reconstruir sus narrativas de vida. Al iluminar nuevas posibilidades y fortalezas, la terapia narrativa ofrece un camino hacia la recuperación al empoderar a las personas para que se conviertan en narradores activos de sus propias vidas.

Terapia Dialéctica Conductual: Equilibrando la Aceptación y el Cambio

La terapia dialéctica conductual (TDC) se destaca como una luz que equilibra la aceptación y el cambio. Este enfoque, especialmente útil en trastornos emocionales intensos, ilumina estrategias para gestionar las emociones y mejorar las habilidades de afrontamiento. Al ofrecer herramientas concretas para equilibrar la aceptación de uno mismo con el impulso hacia el cambio, la TDC guía a los individuos hacia la estabilidad emocional.

Terapia Gestalt: Iluminando la Totalidad del Ser

La terapia gestalt destaca como una luz que ilumina la totalidad del ser. Este enfoque terapéutico se centra en la conciencia del "aquí y ahora", alentando a los individuos a explorar y abrazar todos los aspectos de sí mismos. Al iluminar la importancia de la integridad y la autenticidad, la terapia gestalt guía a las personas hacia una conexión más profunda consigo mismas y con su entorno.

Terapia de Exposición: Venciendo el Miedo a Través de la Luz del Afrontamiento

La terapia de exposición se presenta como una luz que guía a vencer el miedo a través del afrontamiento directo. Este enfoque, particularmente efectivo en trastornos de ansiedad, ilumina el camino hacia la superación gradual de temores y traumas. Al enfrentar de manera controlada las fuentes de ansiedad, la terapia de exposición proporciona herramientas para desactivar respuestas emocionales negativas y avanzar hacia la recuperación.

Terapia Breve: Enfocándose en Soluciones y Resultados Rápidos

La terapia breve destaca como una luz que se enfoca en soluciones y resultados rápidos. Este enfoque terapéutico se centra en objetivos específicos y estrategias prácticas para abordar problemas de manera eficiente. Al iluminar vías hacia cambios rápidos y sostenibles, la terapia breve proporciona herramientas efectivas para que los individuos logren mejoras significativas en un período de tiempo más corto.

7.2.2 Recuperación y Reinserción

La recuperación no es un destino, sino una travesía de autodescubrimiento. Este texto explora las fases clave de la recuperación, desde el reconocimiento de la necesidad de cambio hasta la adopción activa de estrategias de afrontamiento. Se destaca la importancia de construir un camino sólido y personalizado que refleje la diversidad de experiencias y desafíos que pueden surgir durante la recuperación.

Fortalecimiento de la Resiliencia: Tejiendo Redes para Afrontar Desafíos

El fortalecimiento de la resiliencia emerge como una luz guía en la travesía hacia la recuperación. Este subcapítulo examina cómo los individuos pueden cultivar la resiliencia, desarrollando habilidades para afrontar desafíos y adaptarse a cambios. Se destaca la importancia de tejer redes de apoyo, adoptar una mentalidad positiva y aprender a utilizar la adversidad como una oportunidad para el crecimiento personal.

Desarrollo de Objetivos Personales: Construyendo un Futuro con Propósito

El desarrollo de objetivos personales se convierte en un componente esencial en la construcción de un futuro con propósito. Este texto analiza cómo los individuos pueden identificar metas y aspiraciones que les den dirección y significado. Se destaca la importancia de establecer objetivos realistas y alcanzables, contribuyendo así a la motivación y al sentido de logro durante el proceso de recuperación.

Reconstrucción de Relaciones Interpersonales: Sanando Vínculos Afectados

La reconstrucción de relaciones interpersonales ilumina el camino hacia la sanación de vínculos afectados durante la oscuridad. En este subcapítulo, exploramos cómo los individuos pueden abordar las dinámicas relacionales, cultivando la comunicación efectiva y fomentando la comprensión mutua. Se destaca la importancia de la empatía y el perdón en el proceso de restaurar conexiones significativas.

Participación en la Comunidad: Reintegrándose en un Tejido Social Positivo

La participación en la comunidad se presenta como una luz que guía la reintegración en un tejido social positivo. Este enfoque explora cómo los individuos pueden contribuir a su entorno, ya sea a través de voluntariado, participación en actividades comunitarias o apoyo a iniciativas locales. Se destaca la importancia de sentirse conectado y valioso dentro de un contexto más amplio.

Formación y Desarrollo Profesional: Construyendo Trayectorias Laborales Satisfactorias

La formación y el desarrollo profesional se convierten en un faro que ilumina la construcción de trayectorias laborales satisfactorias. Este texto analiza cómo los individuos pueden explorar oportunidades educativas y profesionales que se alineen con sus intereses y habilidades. Se destaca la importancia de construir una identidad profesional sólida como parte integral de la recuperación.

Apoyo Continuo en Salud Mental: Navegando con Guías Expertos

El apoyo continuo en salud mental emerge como una luz guía que navega con guías expertos. En este subcapítulo, examinamos cómo la conexión con profesionales de la salud mental puede ser crucial durante la travesía de recuperación. Se destaca la importancia de mantener un diálogo abierto, buscar orientación cuando sea necesario y participar en terapias de mantenimiento para fortalecer la salud mental a largo plazo.

Autocuidado y Bienestar Sostenible: Construyendo una Base Duradera

El autocuidado y el bienestar sostenible se presentan como componentes clave en la construcción de una base duradera durante la recuperación. Este texto explora cómo los individuos pueden adoptar prácticas de autocuidado que promuevan la salud mental y emocional a largo plazo. Se destaca la importancia de mantener hábitos saludables, establecer límites y nutrir la conexión consigo mismos.

Participación en Grupos de Apoyo: Compartiendo Experiencias y Estrategias

La participación en grupos de apoyo ilumina el camino hacia la compartición de experiencias y estrategias efectivas. En este subcapítulo, analizamos cómo la conexión con personas que han atravesado desafíos similares puede proporcionar un espacio valioso para la comprensión mutua y la inspiración. Se destaca la importancia de la comunidad en la construcción de una red de apoyo sólida.

Celebración de Logros y Autoreconocimiento: Marcando Hitos en la Travesía

La celebración de logros y el autoreconocimiento actúan como faros que marcan hitos en la travesía de recuperación. Este enfoque explora cómo reconocer y celebrar los logros, incluso los pequeños, puede ser fundamental para mantener la motivación y la autoestima. Se destaca la importancia de cultivar un enfoque positivo hacia uno mismo y reconocer el progreso realizado.

Evaluación Continua y Adaptación: Navegando por Caminos Cambiantes

La evaluación continua y la adaptación se convierten en guías esenciales para navegar por caminos cambiantes durante la travesía de recuperación. En este subcapítulo, examinamos cómo la reflexión regular sobre el progreso y la disposición a ajustar estrategias según sea necesario contribuyen a una recuperación más efectiva. Se destaca la importancia de la flexibilidad y la autenticidad en el proceso de adaptación.

Conclusiones

En el cierre de esta exploración exhaustiva sobre la "Psicología Oscura", las conclusiones se erigen como faros que iluminan el sendero hacia una comprensión profunda de este fascinante y complejo campo. A lo largo de este libro, hemos abordado aspectos diversos, desde los fundamentos hasta las estrategias de prevención, los enfoques terapéuticos y la travesía de recuperación. Ahora, es el momento de reflexionar sobre las ideas clave que han surgido y considerar las implicaciones de este conocimiento en nuestra comprensión del comportamiento humano.

Revisión de los Fundamentos: Desentrañando las Raíces de la Oscuridad Psicológica

En las secciones iniciales, exploramos los fundamentos de la "Psicología Oscura", desentrañando las raíces de comportamientos antisociales, personalidades psicopáticas y patologías psicológicas. Se resaltó la importancia de comprender el contexto histórico y ético que rodea a esta disciplina, ofreciendo una perspectiva amplia sobre su evolución y los desafíos éticos que presenta.

Manipulación Psicológica y Comportamiento Antisocial: Explorando las Sombras de la Mente

Dedicamos secciones enteras a explorar la manipulación psicológica y el comportamiento antisocial, desglosando técnicas específicas de manipulación y examinando la complejidad de la personalidad psicopática. Casos históricos proporcionaron ejemplos ilustrativos, permitiendo una comprensión más profunda de cómo estas sombras de la mente han influido en eventos significativos a lo largo de la historia.

Impulsos Oscuros: De la Agresión a los Trastornos de la Personalidad

Profundizamos en los impulsos oscuros, examinando la agresión y la violencia en su contexto psicológico. Además, exploramos el deseo de poder y cómo estos impulsos pueden manifestarse en diversas formas de patologías psicológicas. Los trastornos de la personalidad se presentaron como un terreno complejo, donde los límites entre la normalidad y la patología pueden ser borrosos.

Estudios de Caso y Perfiles Psicológicos: Desentrañando las Narrativas Individuales

La sección de estudios de caso nos llevó a través de experimentos controvertidos y crímenes psicológicos famosos, proporcionando una visión íntima de narrativas individuales atrapadas en las redes de la psicología oscura. Los perfiles psicológicos ofrecieron una ventana hacia la mente de individuos oscuros, destacando la complejidad y la diversidad de factores que contribuyen a comportamientos problemáticos.

Estrategias de Prevención: Construyendo Defensas Contra la Oscuridad Psicológica

En la sección dedicada a estrategias de prevención, exploramos cómo la psicología trabaja incansablemente para construir defensas sólidas contra la oscuridad. Desde la identificación temprana hasta la implementación de programas educativos y la intervención proactiva, se destacó la importancia de la colaboración continua para crear estrategias sostenibles y efectivas.

Tratamientos y Rehabilitación: Restaurando la Luz en la Psicología Oscura

La sección de tratamientos y rehabilitación nos llevó a través de enfoques terapéuticos, programas de rehabilitación y estrategias de prevención de recaídas. Desde terapias individuales hasta intervenciones farmacológicas, exploramos cómo la psicología trabaja para restaurar la luz en la vida de aquellos afectados por la oscuridad.

Recuperación y Reinserción: Travesía hacia una Vida Renovada

En la última sección, analizamos la travesía de recuperación y reinserción, explorando cómo los individuos pueden reconstruir sus vidas después de enfrentar desafíos psicológicos significativos. Desde el fortalecimiento de la resiliencia hasta la participación en la comunidad y el desarrollo profesional, se resaltó la importancia de construir un camino personalizado hacia una vida renovada.

Reflexiones Finales: Comprendiendo la Dualidad de la Psicología Oscura

Al concluir esta obra, es fundamental reconocer la dualidad inherente en la psicología oscura. Si bien exploramos las sombras de la mente humana, también descubrimos estrategias y enfoques para iluminar el camino hacia la recuperación y el bienestar. La psicología oscura, en su complejidad, nos desafía a comprender la dualidad inherente en la naturaleza humana y a abordarla con empatía, ética y un compromiso continuo con la comprensión y el cambio positivo.

En última instancia, este libro busca arrojar luz sobre las áreas más oscuras de la psicología, ofreciendo conocimientos que inspiren la reflexión, el debate y la acción informada. Que esta exploración sirva como punto de partida para comprender la complejidad de la mente humana y, al hacerlo, nos acerque a una sociedad más comprensiva y compasiva. La psicología oscura, con toda su complejidad, nos desafía a abrazar la dualidad inherente en la naturaleza humana con empatía, ética y un compromiso continuo con la comprensión y el cambio positivo.